एक सही समय

A Purrrfect Time (Hindi Translation)

Written by Sam Miller

The Purrrfect Time was written originally in English
and translated into the following languages:
Thai, Vietnamese, Tagalog, German, Spanish, Portuguese,
Mandarin, Bengali, French, Hindi.

Copyright © 2021 by Samuel Miller

All rights reserved. No part of this publication may be reproduced, stored in a retrieval system, or transmitted, in any form or by any means, electronic, mechanical, photocopying, recording, or otherwise, without the written prior permission of the publisher.

ISBN 9781777549015

Book design by Hiroki Nakaji

Printed and bound with IngramSpark

Armed Bandit Publishing

मैं सैम से मिला जब मैं सिर्फ एक बिल्ली का बच्चा था। उसका जीवन तब आसान था; और उसके दोनों हाथ थे। एक दिन सैम ने एक दुर्घटना में अपनी एक हाथ खो दी, लेकिन उसने अपनी मुस्कान नहीं खोई ! यह कहानी एक ऐसी याद दिलाने वाली है जो आपको खुश करती है और कभी हार नहीं मानती है। मेरे जीवन के कुछ पलों को पीछे मुड़कर देखें।

मेरा नाम बॉब (एक बिल्ली), और मैं यह कहानी बताऊँगी.

एक छोटे दोस्त के साथ
मेरा चेहरा रगड़ना मुझे गर्म
और खुश करता है।

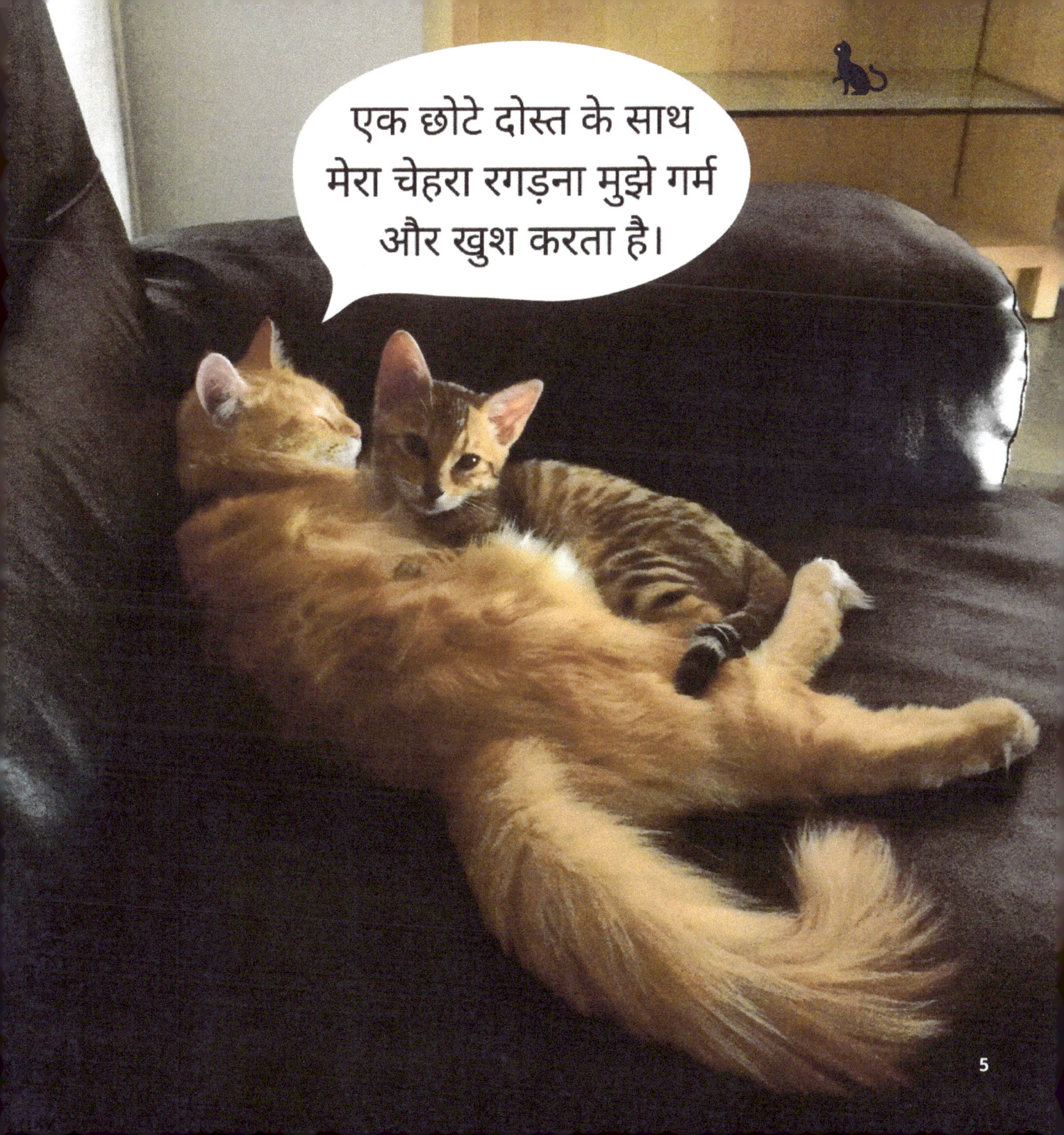

क्या आप दरवाजे के नीचे मेरे छोटे नाखून देख सकते हैं? मैं कुत्ते को नीचे खींचने की कोशिश कर रहा हूं। वास्तव में मुझे यकीन नहीं है कि वह प्रवेश कर पाएगा, लेकिन मैं काफी मजबूत हूं।

क्या मैं पानी को चालू करने के लिए पर्याप्त मजबूत हूं? मैं पूरे दिन अपने शरीर को चाटता हूं लेकिन फिर भी मेरा शरीर बदबू मारता है और मैं स्नान करना चाहता हूं।

आप स्टोव को कैसे चालू करते हैं? मुझे भूख लगी है, इसलिए मैं अपने आहार में बहुत सारे बिल्ली का खाना दूँगी.

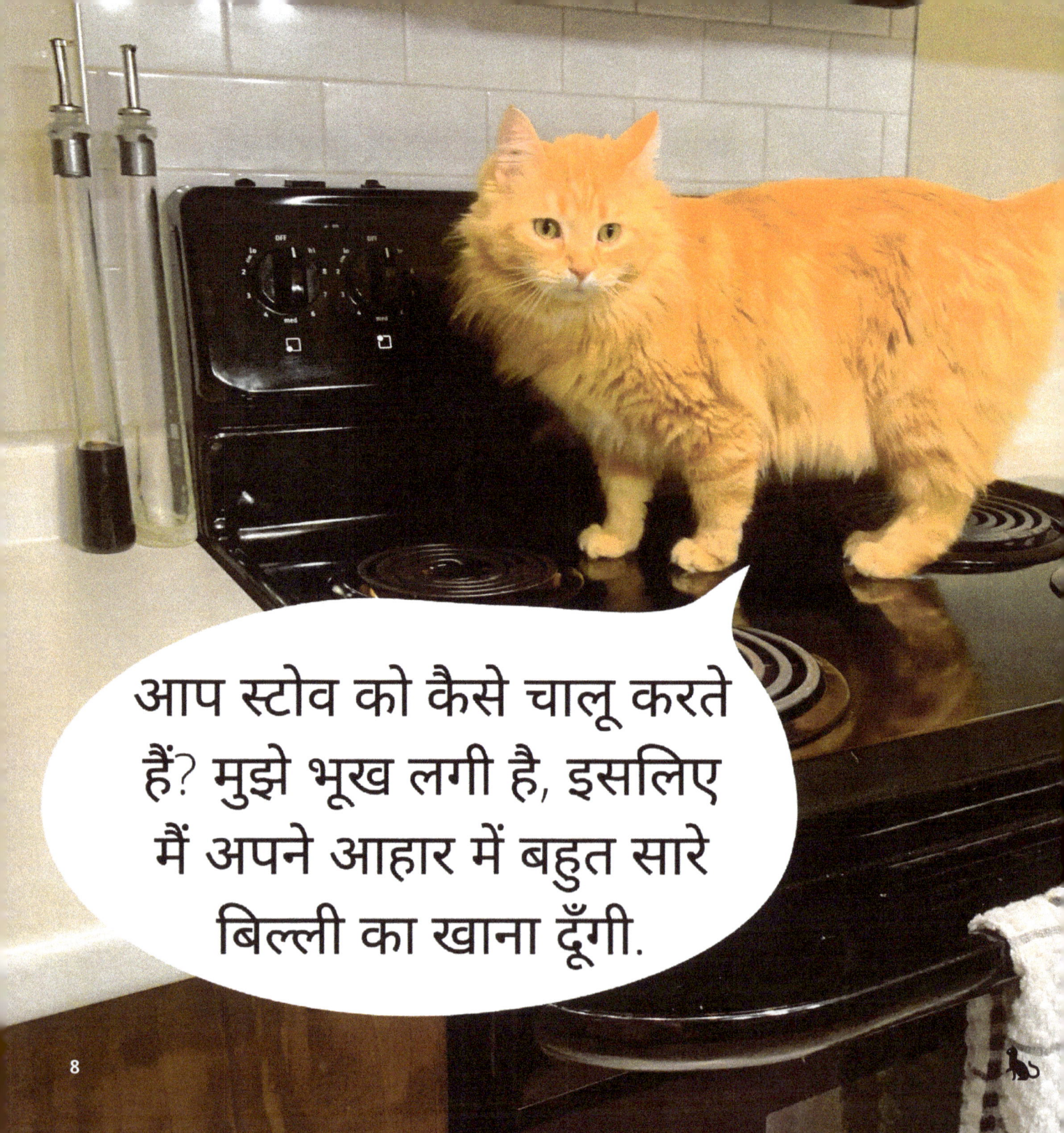

अगर मैं साईं का खाना खा रही हूँ, जबकि वह नहीं देख रहा है, तो क्या यह चोरी या साझा करना है?

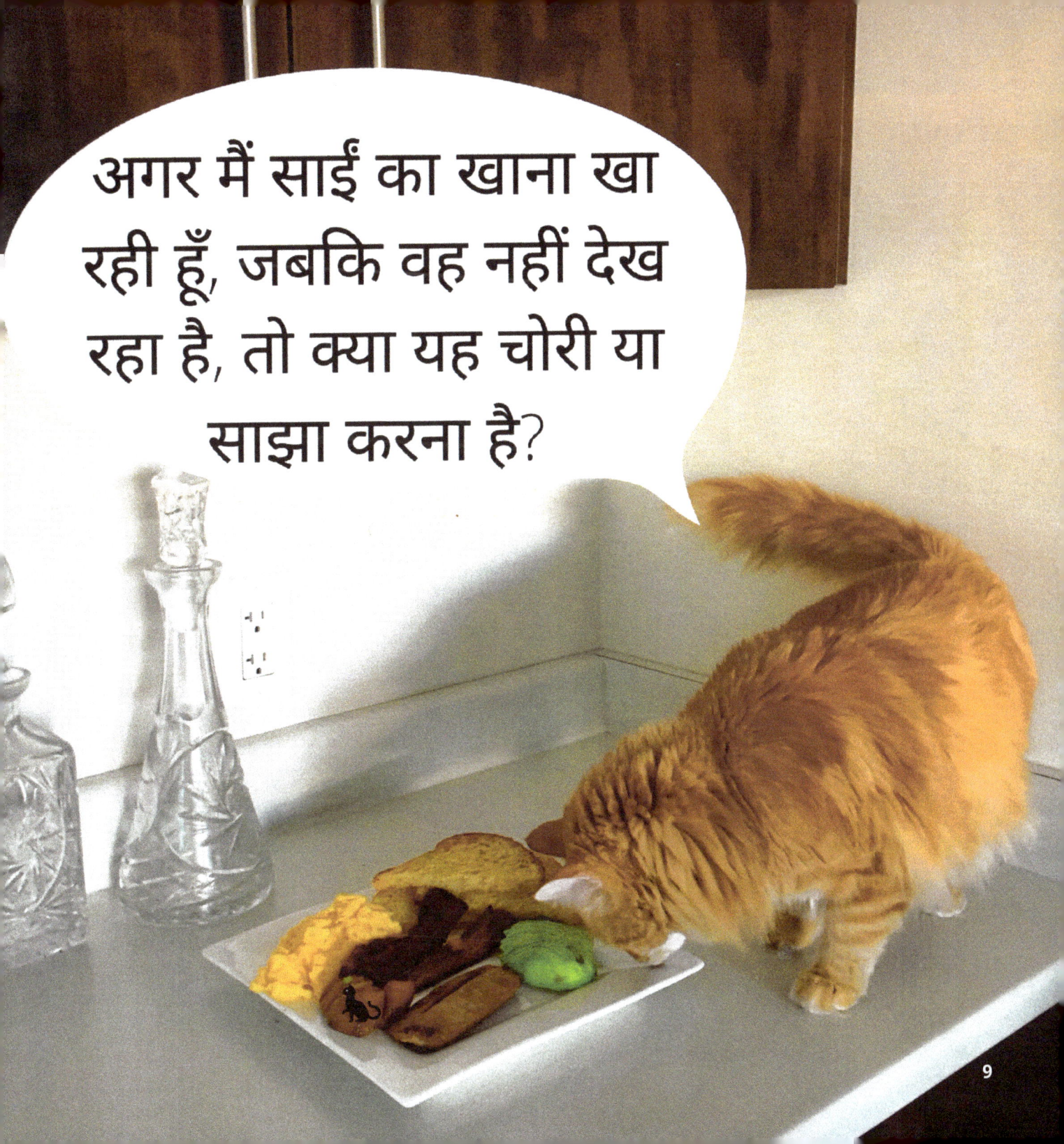

यह लाल लेजर डॉट वास्तव में पकड़ना मुश्किल है ... यह बहुत तेज़ है। इसका पीछा करने से मुझे बहुत व्यायाम मिलेगा।

मुझे सैमसे पोकर खेलना सीखना होगा ताकि मैं ज्यादा बिल्ली का खाना प् सकूँ ।

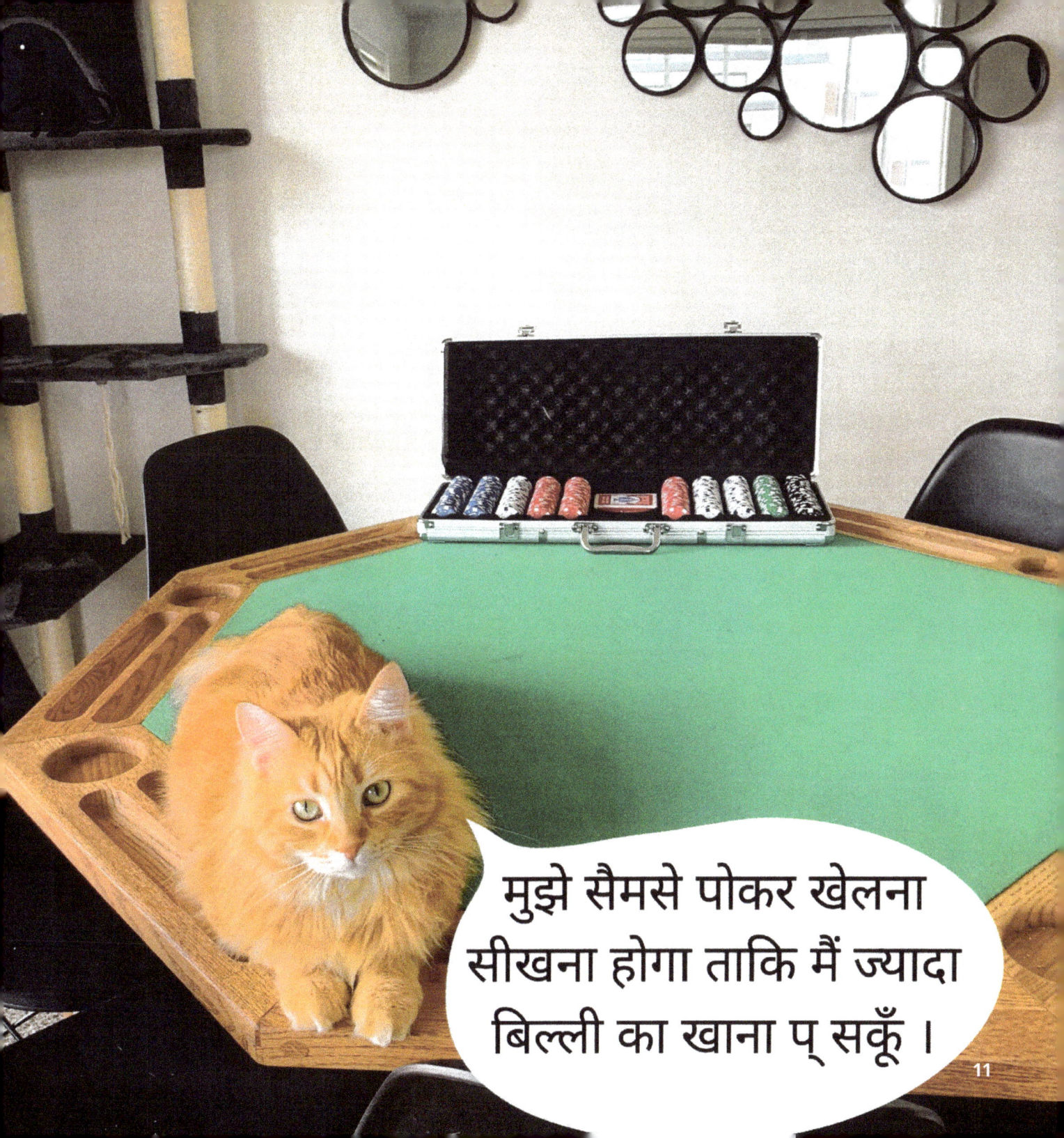

बीमार होने पर सैम मुझे पशु अस्पताल में देखने आया।

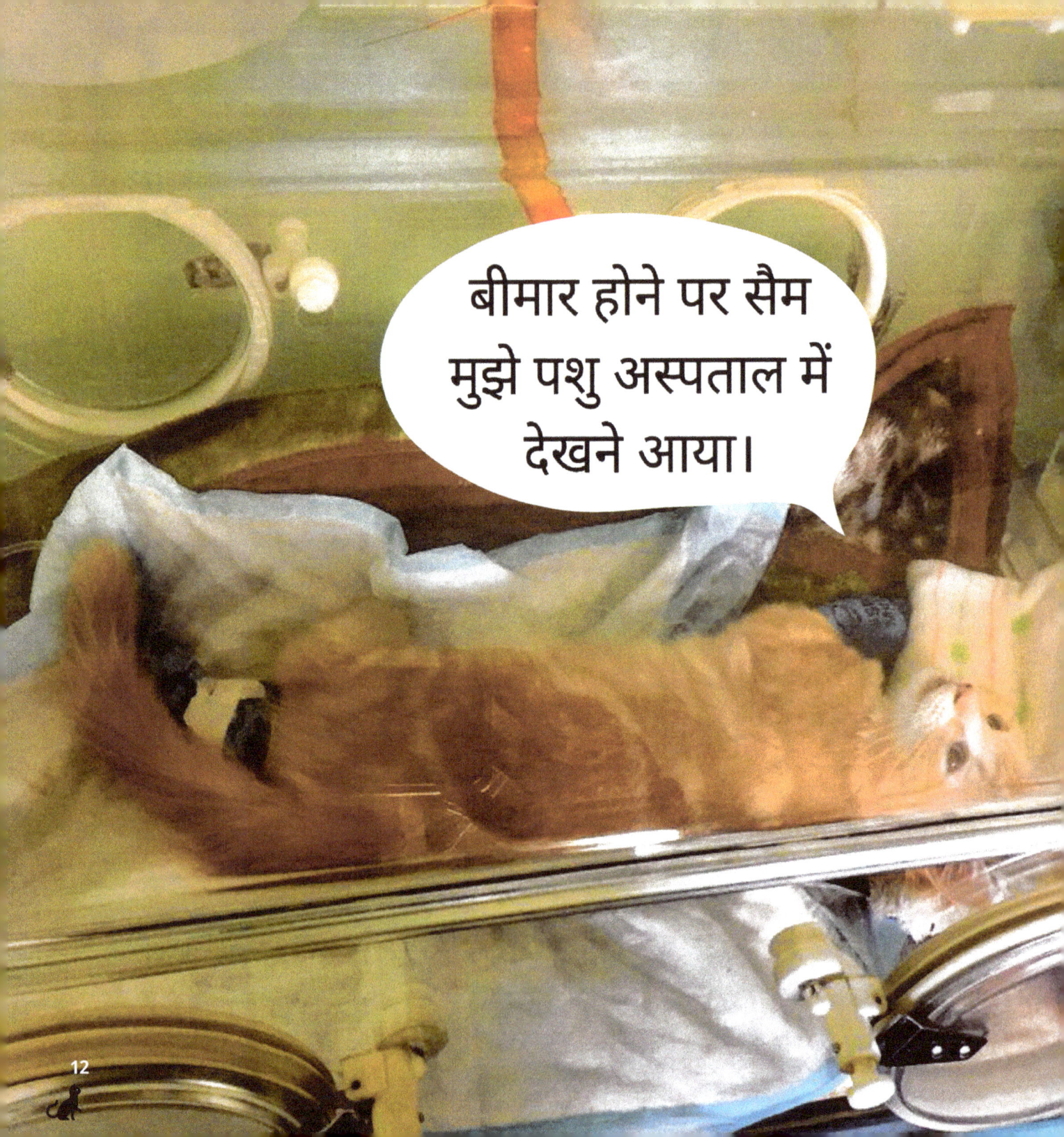

इसलिए मैं उसे देखने गया जब वह अस्पताल में था। किसी को फायदा पहुंचाने के लिए और कुछ सुंदर करना अच्छा लगता है।

मैं देखता हूं कि सैम हर सुबह मेरे पानी के कटोरे को भरता है लेकिन मैं एक विशेष प्रकार की बिल्ली हूं, मुझे अपने लिए ताजा नल का पानी पसंद है।

यह सोने का सबसे अच्छा तरीका है। अगर मुझे कोई बुरा सपना आता, तो मेरे नाखून सैम के चेहरे को नोच देते। वह चिल्लाते हुए मुझे जगा देगा। यह एक सही योजना है।

मेरे योग शिक्षक ने कहा कि अगर मैं इस तरह सोता हूं तो मेरी पीठ को चोट नहीं पहुंचेगी।

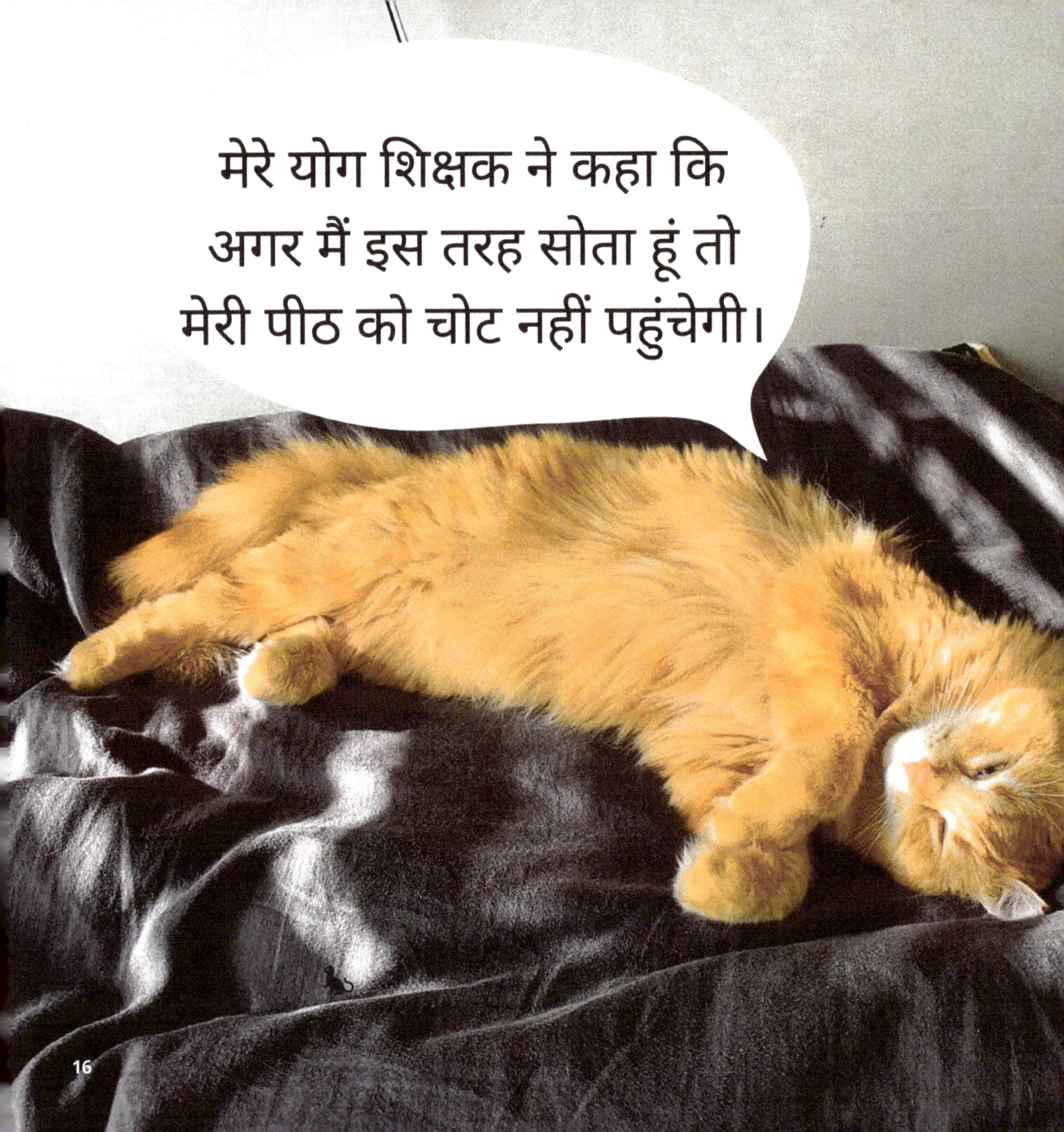

क्या ऐसी आरामदायक जगह सिर्फ मेरे लिए बनाई गई थी? क्या लोगों के लिए ऐसा कोई स्थान है?

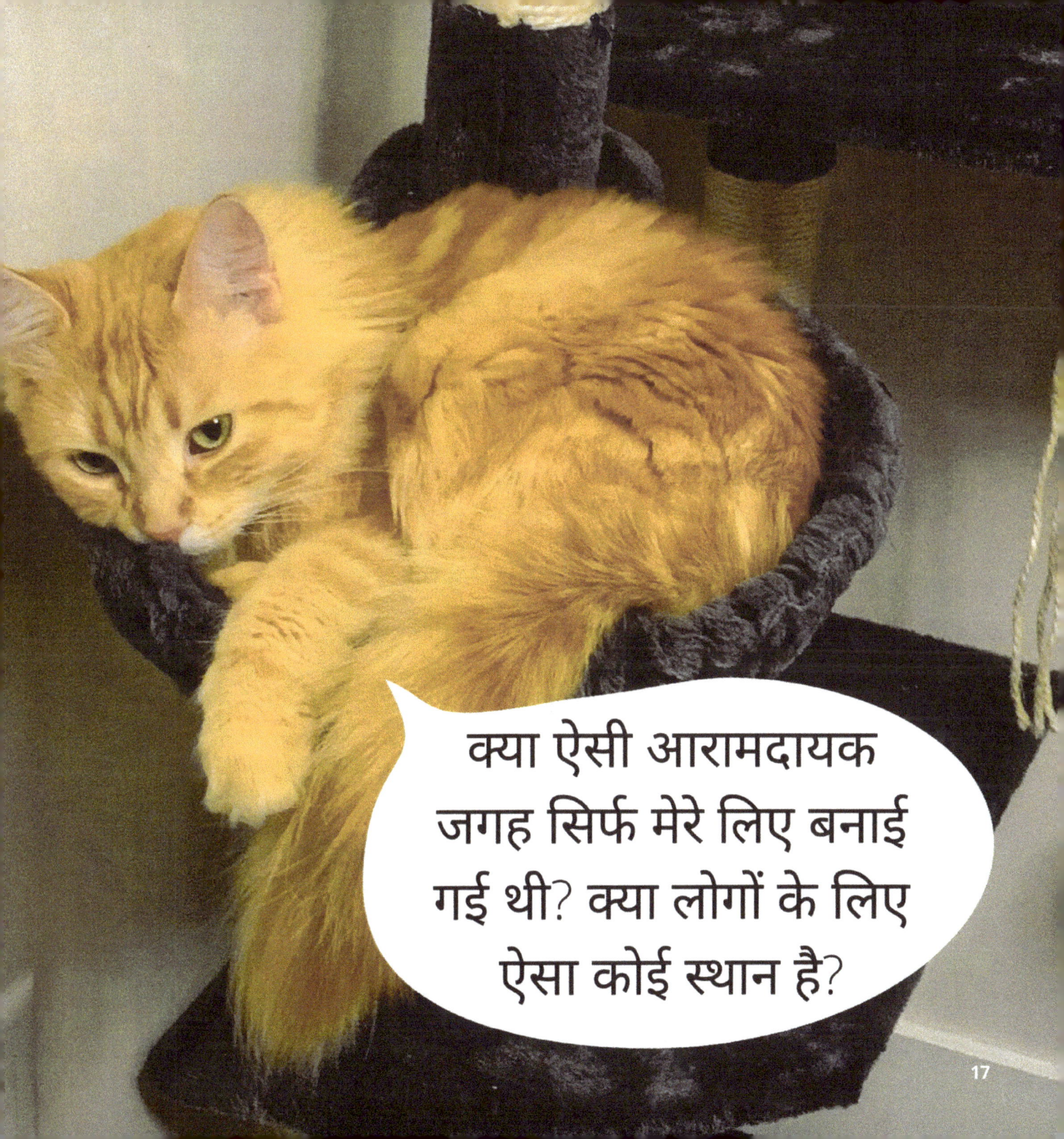

कुछ दिन अच्छे हैं, कुछ दिन बुरे हैं। यह सब आपके मन की स्थिति पर निर्भर करता है।

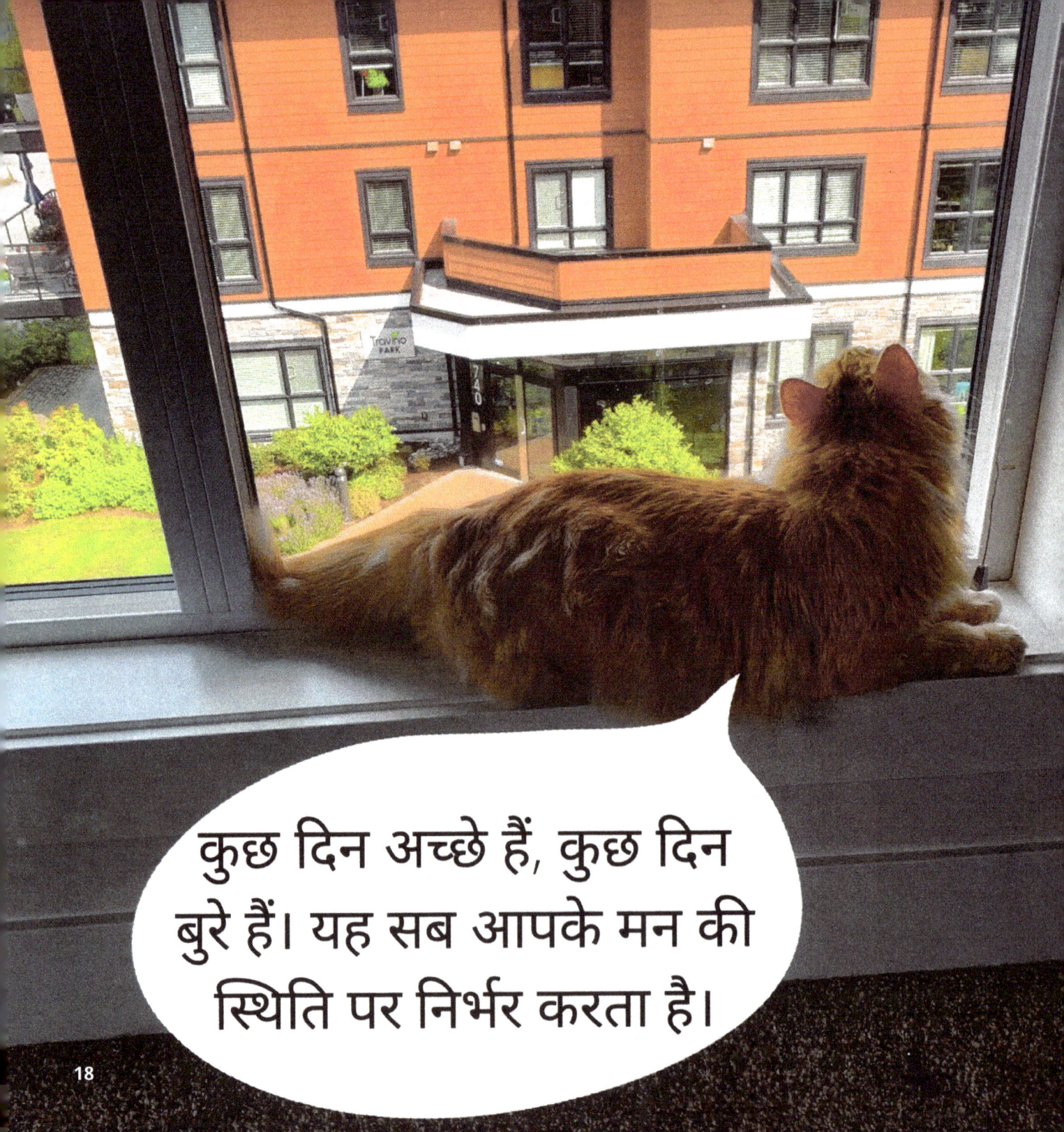

यह मेरे हाथ और पैर को फैलाने के लिए मेरी पसंदीदा जगह है, यहाँ मक्खियाँ अक्सर उड़ती हैं। मुझे मक्खियों का पीछा करना पसंद है।

मुझे खाना बहुत पसंद है. मुझे स्वस्थ रहने के लिए नियमित रूप से व्यायाम करने की आवश्यकता है ।

मैं सोचती हूँ की मैं अपने मुंह में एक साथ कितने सारे बिल्ली के भोजन को कैसे फिट कर सकता हूँ।

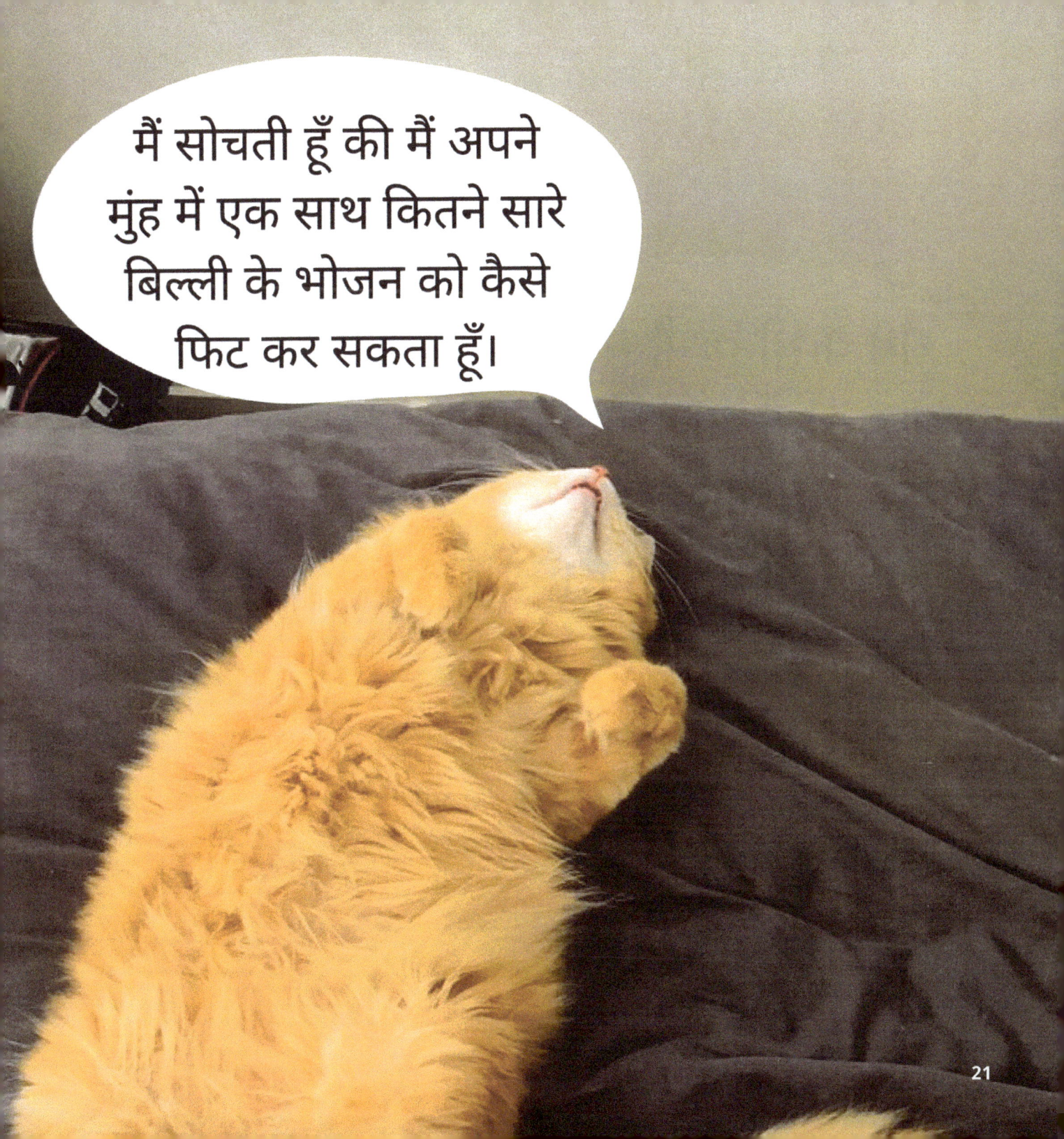

सैम कभी-कभी मेरे पानी को भरने में आलसी होता है, इसलिए आज मैं उसका पानी पी रहा हूं।

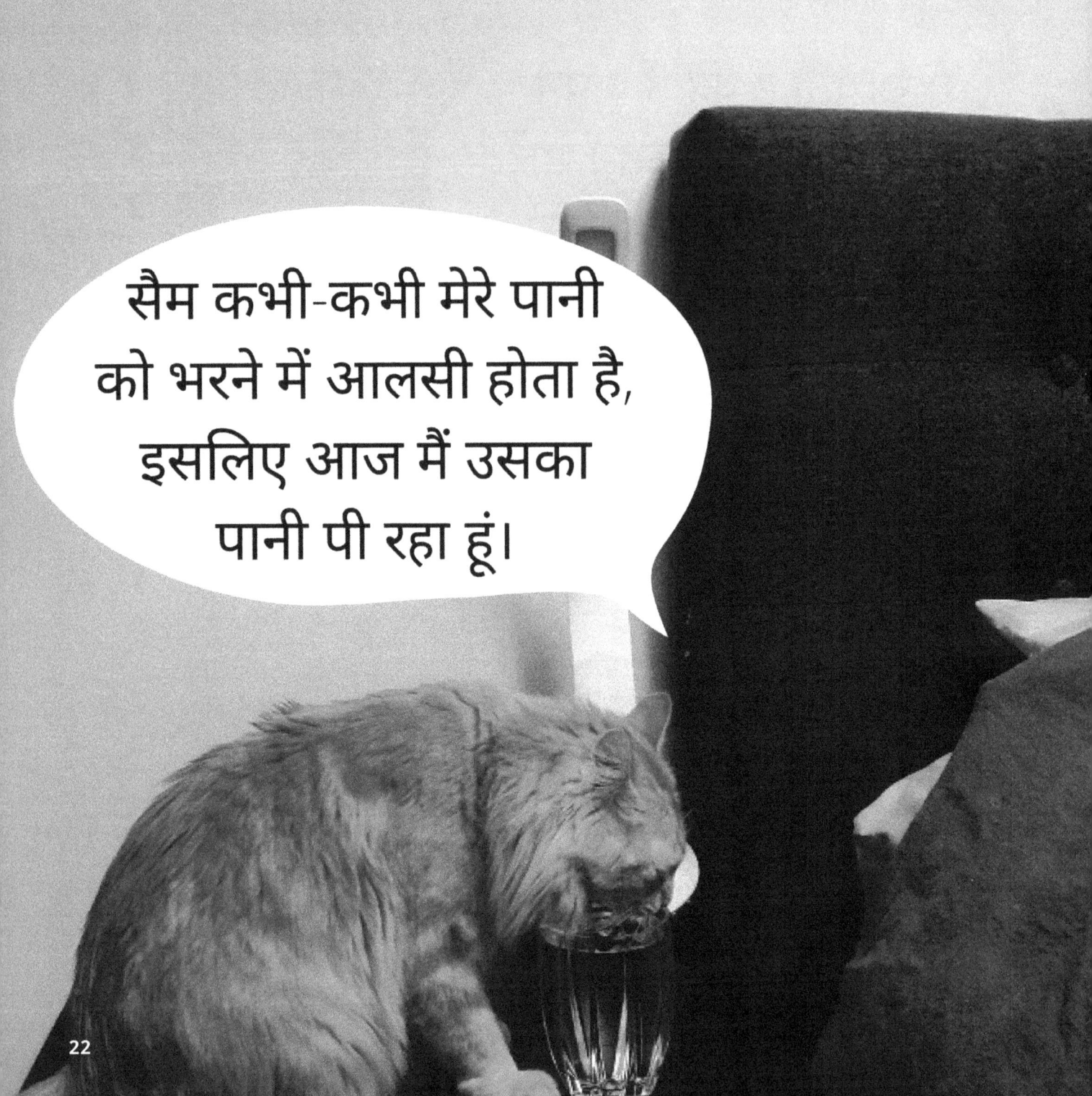

मेरे परिवार और दोस्तों ने कहा है कि ऊपर से देखने का दृश्य बहुत अच्छा है। वे निश्चित रूप से सही हैं।

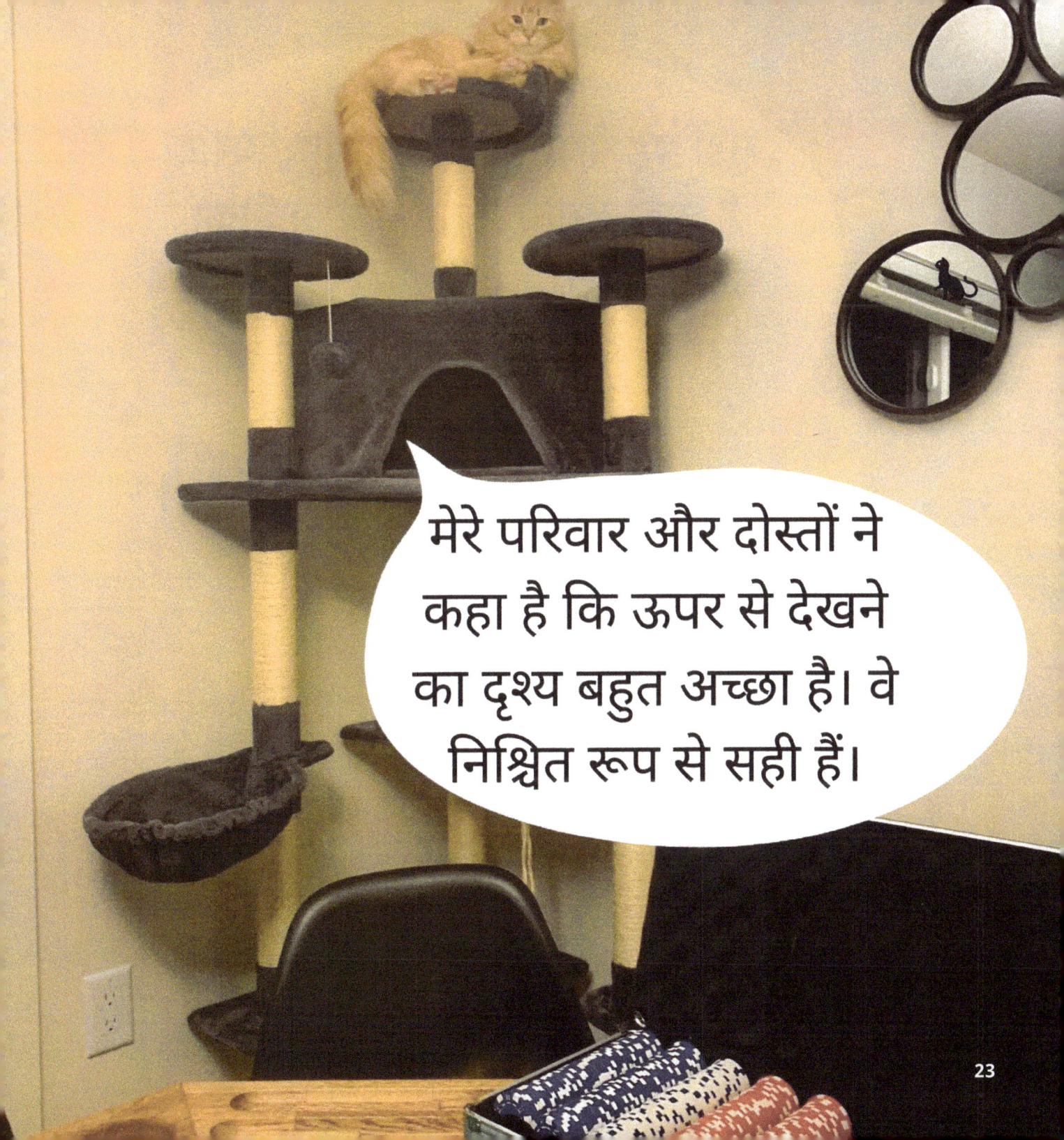

मुझे यह नेचर शो देखना बहुत पसंद है. मुझे लगता है की मुझे अफ्रीका जाना चाहिए इसलिए कि मैं आकार से यहां का हर दूसरे बिल्ली की तरह दस गुना हो सकता हूँ.

सैम मेरे साथ टहलने जाता है क्योंकि मुझे व्यायाम और ताजी हवा की आवश्यकता होती है। मुझे उस समय से प्यार है जो हम बाहर साथ बिताते हैं। साथ ही, घास बहुत समृद्ध है।

मुझे धूप में आराम करना पसंद है।

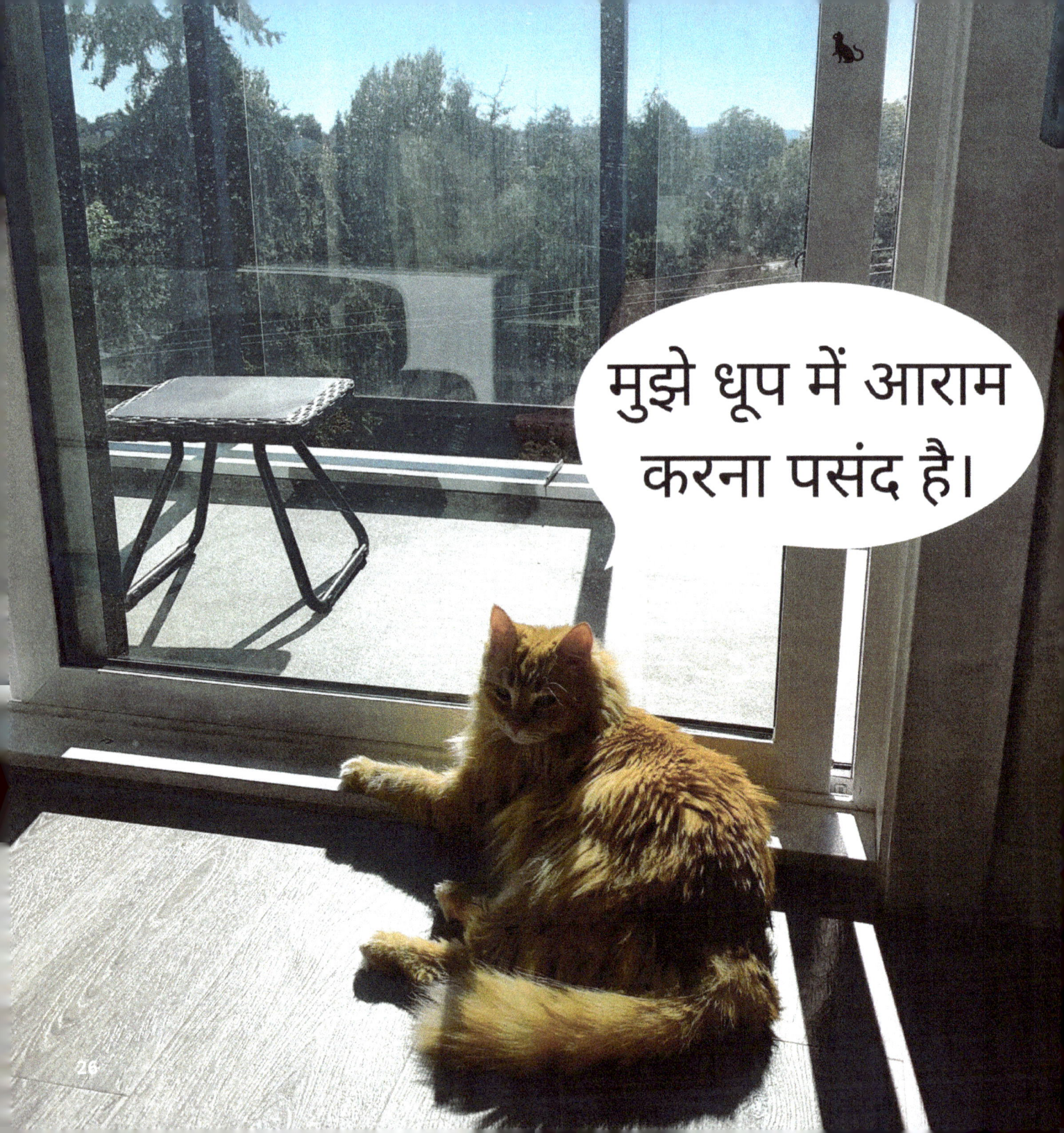

मैं सोने के बाद कुछ स्ट्रेच करता हूं।

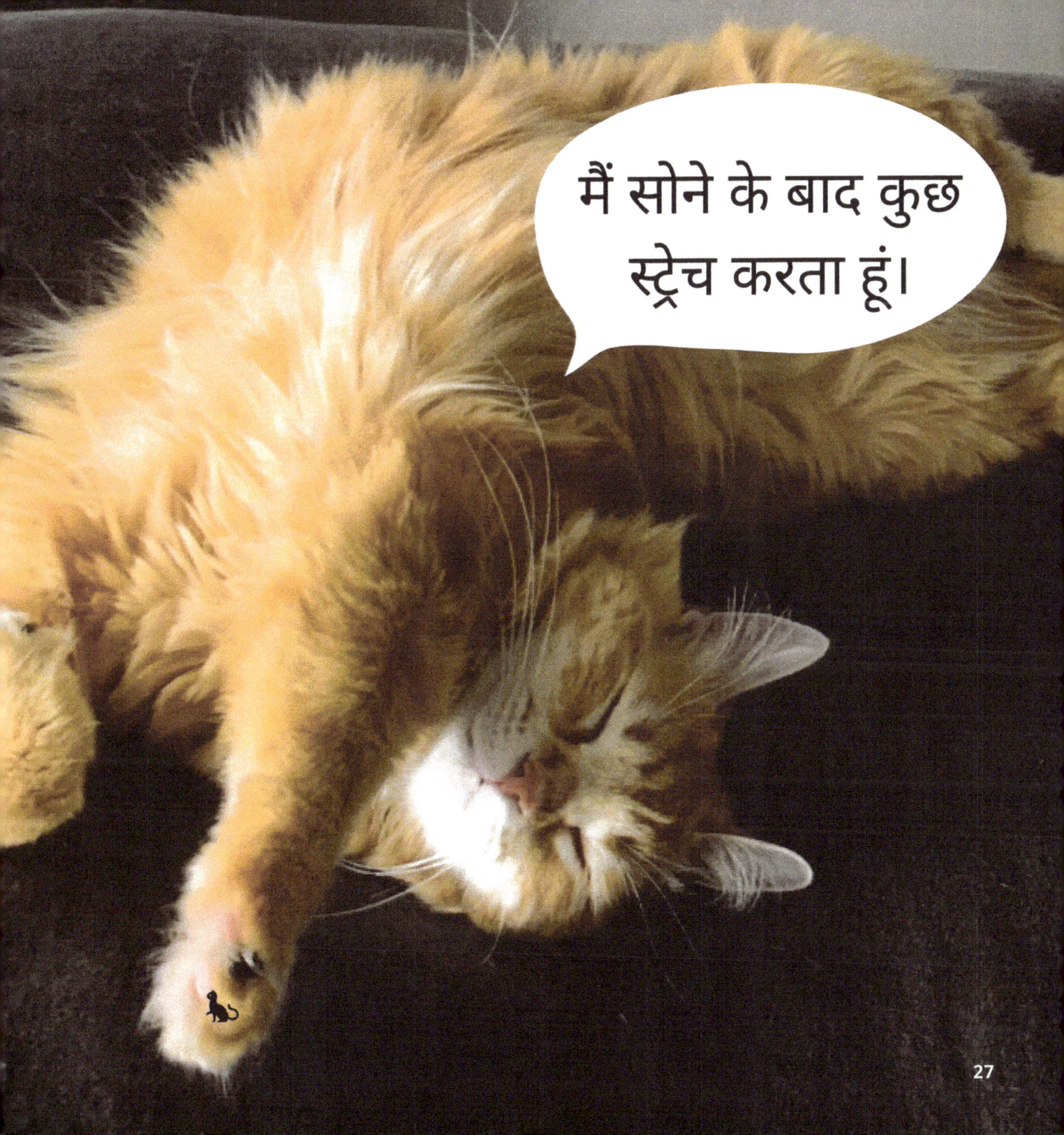

सैम ने मेरे लिए एक आदर्श घर बनाया है. मुझे उसके साथ रहना साच मैं बहुत पसंद है.

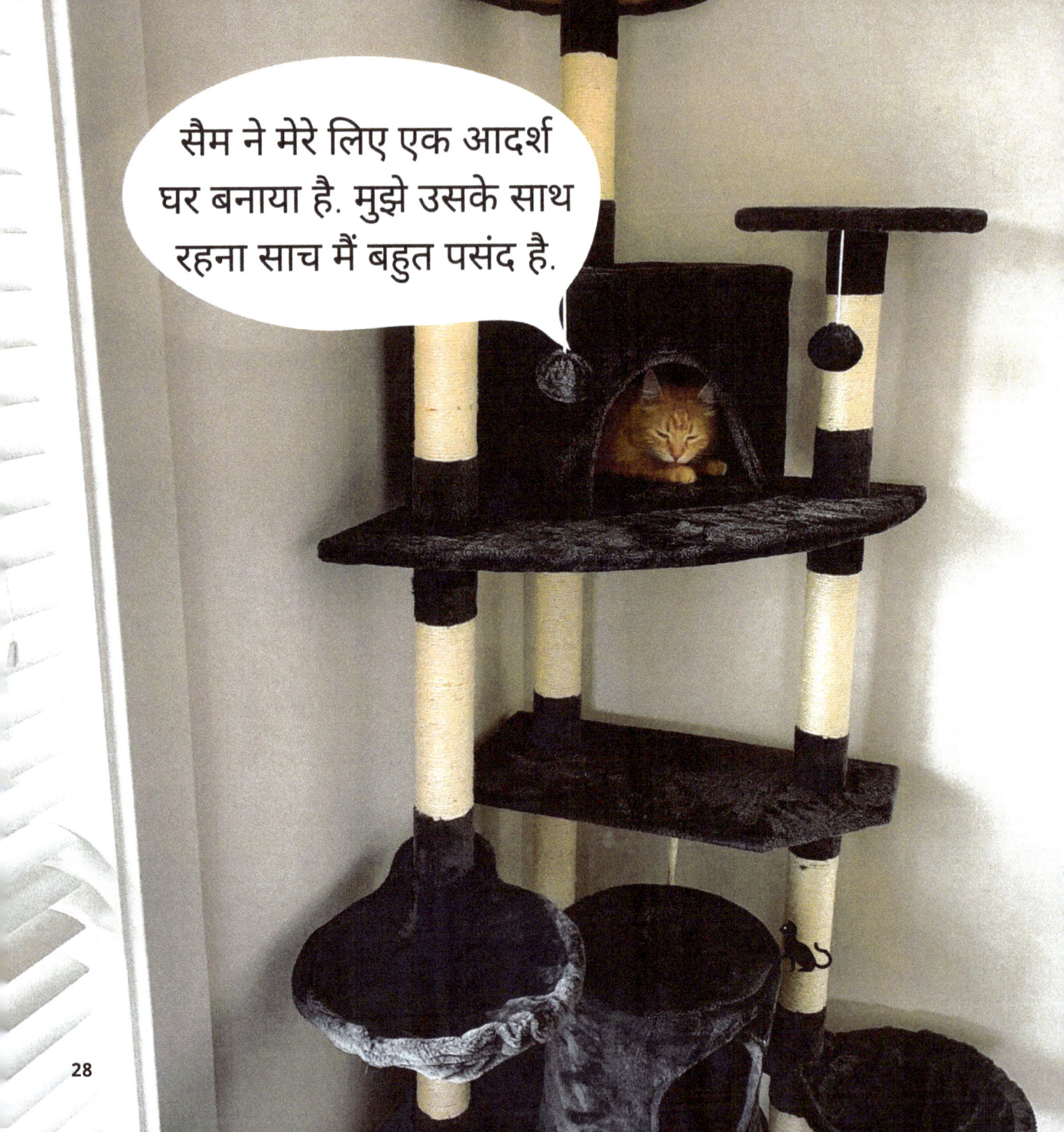

यह चेहरे को रगड़ने के लिए एक आदर्श स्थान है। मैं सैम के आसपास वास्तव में खुश और सहज महसूस करता हूं। उन लोगों के सपास रहना महत्वपूर्ण है जो आपको खुश करते हैं। अगर हम साथ रहेंगे, तो हम हमेशा अच्छा जीवन बिताएंगे।

एक दिन सैम फोन पर बात कर रहा था और मैंने उसे अपने दोस्त से कहते सुना:

"कभी-कभी जब मैं किसी से बात कर रहा होता हूं, तो मैं नहीं सुनता क्योंकि मैं यह सोचने लगता हूं कि मैं क्या कहने जा रहा हूं। लोग सुनना चाहते हैं और जानना चाहते हैं कि आप सुन रहे हैं। मैंने महसूस किया है कि उन्हें इस बात पर ध्यान केंद्रित करना बहुत ज़रूरी है कि उन्हें आपसे क्या कहना है, और यह कि उनकी दिलचस्पी उनसे क्या कहना है।

- मैं कौन हूं, उन लोगों द्वारा परिलक्षित होता है जिनके साथ मैं सबसे अधिक समय बिताता हूं। मैंने यह सुनिश्चित किया है कि मैं उन लोगों के साथ अपना समय बिताऊं, जिन पर मुझे भरोसा है, सम्मान है और जिनकी कंपनी मुझे पसंद है।

-जब चीजें कठिन हो जाती हैं और हमें एक चुनौती का सामना करना पड़ता है, तो मैं अपने और अपने दोस्तों के बारे में बहुत कुछ सीख सकता हूं। मैंने संघर्ष और विफलता को गले लगाना और जरूरत पड़ने पर मदद के लिए आगे बढ़ना सीखा है।

-सैम सही है, मुझे लगता है यही कारण है कि वह और मैं ऐसे अच्छे दोस्त हैं।

क्या आपको हर तस्वीर पर  मिला?

सैम: यह किताब मेरे शौक के रूप में शुरू हुई। मेरे जीवन में आने वाली समस्याओं से मेरे दिमाग को अलग करने का एक तरीका था। यह मेरी आवश्यक चिकित्सा बन गई। इसने मुझे अपने बारे में और साथ ही चुनौतियों और कठिन परिस्थितियों से निपटने के तरीके सिखाए।

एक लंबे समय के लिए, मुझे लगा कि मुझे पता है कि जीवन क्या था और सबसे ज्यादा मायने रखता था। मैं बहुत गलत था। जैसा कि मैंने नई चुनौतियों का सामना किया और उन्हें पछाड़ दिया, मुझे एहसास होना शुरू हुआ कि मेरे लिए क्या महत्वपूर्ण था। मैं तब एक शिक्षित निर्णय लेने में सक्षम था जो मुझे वास्तव में खुश करेगा। असफलता और दोबारा कोशिश करने में कोई शर्म नहीं है। यह लगभग हमेशा होता है, दृढ़ संकल्प वाले लोग जो चाहते हैं वह प्राप्त करते हैं। आपको मजबूत रहना होगा!

रंग के लिए पेज

www.ingramcontent.com/pod-product-compliance
Lightning Source LLC
Chambersburg PA
CBHW051302110526
44589CB00025B/2913